LE TRÉSOR CACHÉ

LA SAINTE MESSE

SAINT LÉONARD DE PORT-MAURICE

FV ÉDITIONS

TABLE DES MATIÈRES

LE TRÉSOR CACHÉ

Si rare et si précieux qu'il soit en réalité, un trésor ne saurait être estimé qu'autant qu'il est connu. Voilà sans doute, cher lecteur, pourquoi le très Saint Sacrifice de la Messe n'est point apprécié d'un grand nombre de chrétiens dans la mesure de sa réelle valeur : il est la plus belle richesse, la plus divine gloire de l'Église de Dieu ; mais c'est un trésor caché que trop peu connaissent. Ah ! si tous savaient quelle est cette perle du paradis, il n'est pas sur la terre un homme qui ne donnât volontiers en échange tout ce qu'il possède ici-bas.

Savez-vous donc ce qu'est, en réalité, que la sainte Messe ? Elle n'est rien de moins que le soleil du christianisme, l'âme de la foi, le cœur de la religion de Jésus-Christ ; tous les rites, toutes les cérémonies, tous les sacrements s'y rapportent. Elle est, en un mot, l'abrégé de tout ce qu'il y a de beau et de bon dans l'Église de Dieu.

Ce Sacrifice est vraiment le plus vénérable et le plus parfait ; et, afin qu'un pareil trésor obtienne de vous l'estime qu'il mérite, nous examinerons ici rapidement, en peu de mots, quelques-uns de ses titres. Je dis quelques-uns : les embrasser tous serait chose impossible à l'intelligence humaine.

1

LE SACRIFICE DE LA MESSE EST LE MÊME QUE CELUI DU CALVAIRE.

Le premier et principal caractère d'excellence de la sainte Messe, c'est que nous devons la considérer comme étant essentiellement et absolument le même Sacrifice que celui qui fut offert au Calvaire. Une seule différence se présente : sur la croix il fut sanglant et il n'eut lieu qu'une seule fois, et cette seule fois il eut assez de vertu pour expier pleinement toutes les iniquités de l'univers : sur l'autel, il n'y a point de sang répandu ; de plus, le Sacrifice se renouvelle à l'infini, et son objet direct est d'appliquer à chacun en particulier, la rédemption générale acquise par Jésus dans sa douloureuse immolation.

Le Sacrifice sanglant a été le principe de notre

rançon, le Sacrifice non sanglant nous met en possession de cette rançon ; le premier nous ouvre le trésor des mérites de Notre-Seigneur, l'autre nous en assure l'usage.

Remarquons-le attentivement, du reste : la sainte Messe n'est point une simple représentation, un simple mémorial de la passion et de la mort du Sauveur : c'est une reproduction réelle et certaine de ce qui s'est accompli sur la croix : en sorte qu'on peut dire, en toute vérité, que dans chaque Messe notre Rédempteur subit de nouveau pour nous la mort, d'une manière mystique, sans mourir en réalité. Il vit tout à la fois et il est immolé. "J'ai vu, dit saint Jean, l'Agneau qui était comme égorgé."

Le jour de Noël, par exemple, l'Église nous représente comme actuelle la naissance de Jésus ; à l'Ascension et à la Pentecôte, elle nous le montre triomphant, quittant la terre, ou bien envoyant aux Apôtres le Saint-Esprit ; sans que pour cela il soit vrai qu'à pareil jour le Seigneur monte au ciel et que l'Esprit-Saint descende visiblement sur les fidèles.

Or, il ne serait pas permis de raisonner ainsi quant au Sacrifice de la Messe : là, ce n'est point une simple représentation, c'est exactement le même Sacrifice que celui du Calvaire ; seulement il n'est plus sanglant. Ce même corps, ce même sang, ce même Jésus qui s'offrit sur la croix, sont offerts sur l'autel.

"C'est, dit l'Église, c'est l'œuvre même de notre rédemption qui s'accomplit de nouveau." Oui, elle s'accomplit très certainement, oui, c'est le même Sacrifice, absolument le même, que le Sacrifice du Calvaire.

Ô merveille inexprimable ! Avouez-le sincèrement : si, lorsque vous allez à l'église entendre la Messe, vous réfléchissiez que vous montez au Calvaire pour assister à la mort de Notre-Seigneur, vous verrait-on si peu recueilli, si dissipé, si mondain ? Qu'eût-on pensé de Marie-Madeleine si on l'avait rencontrée au pied de la croix couverte de ses plus beaux vêtements, parfumée, parée comme au temps où elle s'abandonnait à ses passions ? Que faut-il dire de vous, quand vous vous rendez au saint lieu comme vous iriez à une réunion vulgaire ?

Et que serait-ce, grand Dieu ! si vous vous oubliiez jusqu'à profaner cette action, de toutes la plus sainte, par des regards et des signes inconvenants, par des rires, des conversations, des rencontres coupables, des sacrilèges ?

Le péché est chose horrible en tout lieu et en tout temps ; mais celui qui se commet pendant le temps de la Messe, à côté même des saints autels, attire plus que tout autre la malédiction de Dieu.

"Maudit, s'écrie le prophète Jérémie, maudit l'homme qui fraude dans l'œuvre divine." — Pensez-y sérieusement. — Mais il est dans ce Trésor admirable d'autres merveilles encore et d'autres excellences.

2
LE PRÊTRE PRINCIPAL, À LA SAINTE MESSE, EST JÉSUS-CHRIST LUI-MÊME.

Dans le nombre des prérogatives sublimes de cet adorable Sacrifice, aucune semble-t-il, n'est plus admirable que d'être non pas seulement la copie mais l'original même du Sacrifice de la croix : et pourtant il en est une supérieure encore à celle-là, qui est d'avoir pour ministre et pour prêtre un Dieu-Homme.

Dans une action aussi sainte que celle du Saint Sacrifice, il y a trois choses à considérer spécialement : le prêtre qui offre, la victime qui est offerte, la majesté de celui à qui on l'offre. Eh bien ! ici nous trouvons, à ce triple égard, l'Homme-Dieu, Jésus-Christ, pour prêtre ; la vie d'un Dieu pour victime ; Dieu lui-même pour fin.

Excitez donc votre foi, et reconnaissez dans le

prêtre qui est à l'autel la personne adorable de Notre-Seigneur Jésus-Christ, qui est le prêtre principal, non seulement parce que c'est lui qui a institué cet auguste Sacrifice, et lui a donné par ses mérites toute son efficacité, mais encore parce qu'à chaque Messe, il daigne changer pour nous le pain et le vin en son Corps adorable et son Sang précieux.

Voici le plus grand privilège de la sainte Messe ; c'est d'avoir pour prêtre l'Homme-Dieu !

Sachez donc, quand vous voyez le célébrant à l'autel, que son principal mérite est d'être le ministre de ce prêtre éternel et invisible Notre-Seigneur Jésus-Christ.

C'est pour cela que le saint Sacrifice de la Messe ne cesse pas d'être agréable à Dieu, lors même que le prêtre qui l'offre est sacrilège ; parce que le prêtre principal est Notre-Seigneur Jésus-Christ, et que celui que vous voyez n'est que son ministre.

Si quelqu'un fait l'aumône par la main de son serviteur, c'est à lui qu'on l'attribue, et lors même que ce dernier serait un scélérat, si le maître est juste, son aumône est sainte et méritoire.

Béni soit donc le Seigneur de nous avoir accordé ce Prêtre saint, la sainteté même, chargé d'offrir au Père éternel l'auguste Sacrifice non seulement en tous lieux puisque la foi est désormais répandue dans l'univers entier, mais en tout temps, chaque jour, à toute heure même, car le soleil ne disparaît à notre horizon que pour se lever sur d'autres contrées.

C'est pourquoi, à chaque heure, sur chaque point du globe, ce Prêtre très saint présente à Dieu son Sang, son Âme, sa Personne entière : il les présente pour nous, et cela autant de fois qu'il se célèbre de Messes dans le monde.

Ô trésor immense ! Ô source d'inappréciables richesses ! Ah ! que ne pouvons-nous assister à toutes les Messes qui se disent ! quels mérites nous gagnerions ! que de grâces en cette vie et quelle gloire dans l'autre nous pourrions acquérir !

3
DIGNITÉ À LAQUELLE EST ÉLEVÉ LE FIDÈLE QUI ASSISTE À LA MESSE.

Mais que parlé-je d'assister ? Entendre la sainte Messe, ce n'est pas seulement cela, c'est l'offrir soi-même. Oui, le simple fidèle peut et doit être appelé sacrificateur, ainsi que nous le lisons au chapitre V de l'Apocalypse :

> "Vous avez fait de nous, Seigneur, votre royaume et vos prêtres."

Le célébrant à l'autel, c'est le ministre de l'Église agissant au nom de la communauté ; il est le médiateur de tous les fidèles, spécialement de ceux qui sont présents, auprès de Jésus-Christ le prêtre invisible, uni à lui, il offre à Dieu le Père, tant au nom de tous qu'en son nom particulier, le prix divin de la rédemption des hommes.

Mais comprenons-le bien, il n'agit pas seul dans une si auguste fonction : chacun de ceux qui assistent à son sacrifice concourt avec lui à l'accomplir et à l'offrir, et c'est pourquoi, lorsque après l'offertoire, il se tourne vers le peuple, il dit : Priez, mes frères, pour que mon sacrifice qui et aussi le vôtre soit agréable au Dieu tout-puissant ; afin que nous entendions par là que, bien qu'il fasse les fonctions de principal ministre, tous ceux qui sont présents offrent avec lui le saint Sacrifice.

Ainsi toutes les fois que vous assistez à la Messe, vous faites en un certain sens l'office du prêtre. Oserez-vous maintenant entendre la Messe en causant, en regardant de côté et d'autre, peut-être même en dormant, vous contentant de réciter tant bien que mal quelques prières vocales, sans faire aucune attention aux fonctions redoutables de prêtre que vous exercez ?

Ah ! je ne puis m'empêcher de m'écrier ici : Monde insensé, qui ne comprend rien à ces sublimes mystères ! Comment est-il possible que l'on se tienne auprès de l'autel, l'esprit distrait et le cœur dissipé, pendant que les anges contemplent dans une sainte ferveur l'accomplissement d'une œuvre merveilleuse.

Vous êtes peut-être étonné de m'entendre dire que la Messe est une œuvre pleine de merveilles. N'est-ce pas, en effet, une merveille digne de toutes nos admirations, que le changement opéré par les paroles d'un simple mortel ?

Qui, non seulement parmi les hommes, mais encore parmi les anges, pourra expliquer une telle puissance ? Qui pourrait s'imaginer que la voix d'un homme, lequel n'a pas même la force de soulever de terre une paille sans y mettre la main, ait reçu de Dieu le pouvoir merveilleux de faire descendre du ciel sur la terre le Fils de Dieu lui-même.

C'est là un pouvoir plus grand que celui de transporter les montagnes, de dessécher la mer et de bouleverser les cieux. Les paroles que prononce le prêtre à la consécration sont aussi puissantes, en un certain sens, que ce premier Fiat avec lequel Dieu tira du néant toutes choses ; il semble même qu'elles surpassent cet autre Fiat, avec lequel la sainte Vierge conçut dans son sein le Verbe éternel.

Car elle ne fit alors que fournir la matière du corps de Jésus-Christ, qui fut formé, il est vrai de son sang, mais non par elle ; tandis que le prêtre, instrument, ministre du Seigneur dans l'acte de la consécration, il produit lui-même Jésus-Christ d'une manière ineffable, sacramentellement, autant de fois qu'il offre le Saint Sacrifice.

Le bienheureux Jean de Mantoue, dit le Bon, avait pour compagnon un ermite, qui ne pouvait comprendre comment les paroles d'un simple prêtre avaient le pouvoir de changer la substance du pain et du vin, en celle du Corps et du Sang de Jésus-Christ ; il avait même prêté quelque consentement au doute que le démon lui avait suggéré sur ce point.

Le bon serviteur de Dieu s'étant aperçu de son erreur, le conduisit à une fontaine, et y ayant puisé une coupe d'eau, il la lui donna à boire. L'autre l'ayant bue, confessa qu'il n'avait jamais goûté de vin aussi délicieux.

"Eh bien, mon frère, lui dit alors Jean, vois-tu le miracle ? Si Dieu a permis que l'eau ait été changée en vin par moi, homme misérable, pourquoi ne croirais-tu pas que, par le moyen des paroles du prêtre, qui sont après tout les paroles de Dieu, la substance du pain et du vin est changée en la substance du Corps et du Sang de Jésus-Christ ?

Qui oserait assigner des limites à la toute-puissance de Dieu ?" C'en fut assez pour éclairer l'ermite, qui, chassant de son esprit tous les doutes, fit une pénitence sévère de son péché. Il ne faut qu'un peu de foi, pour reconnaître que les prérogatives contenues dans cet adorable Sacrifice sont innombrables.

Et d'abord, c'est déjà un grand prodige qu'à toute heure, en mille lieux différents, l'humanité sainte de Jésus se multiplie, jouissant pour ainsi dire d'une sorte d'immensité, que ne possède aucun autre corps, et qu'il a méritée en s'immolant à son Père.

C'est ce que déclarait le démon, parlant par la bouche d'une possédée, à un Juif incrédule. Celui-ci se trouvait sur une place où étaient en même temps beaucoup de personnes, et entre autres une femme possédée.

Un prêtre passa en ce moment, portant le saint viatique à un malade, au milieu d'une grande foule de peuple. Tous s'agenouillèrent pour adorer le Saint Sacrement à son passage : le Juif seul se tint debout, sans donner aucun signe de respect.

La femme, à cette vue se leva furieuse, arracha le chapeau du Juif et lui donna un grand soufflet, en disant : "Malheureux, pourquoi n'honores-tu pas le vrai Dieu, qui se trouve en ce divin sacrement ?

— Le vrai Dieu ? répondit le Juif ; si cela était vrai, il y aurait donc plusieurs Dieux, puisqu'il y en a un sur chacun de vos autels, lorsqu'on y dit la Messe ?"

À ce raisonnement, la possédée saisit un tamis, et, le plaçant devant le soleil, elle dit au Juif de regarder les rayons qui pénétraient par les ouvertures. Puis elle ajouta : "Y a-t-il plusieurs soleils qui passent par les trous de ce crible, ou n'y en a-t-il qu'un seul ?

Il n'y en a qu'un seul ?

— Pourquoi t'étonnes-tu donc que Dieu, quoiqu'il soit invisible et inaltérable, soit par un excès d'amour, réellement présent sur plusieurs autels à la fois ?"

Il n'en fallut pas davantage pour confondre le Juif, et le forcer à confesser la vérité.

Oh ! si nous avions un peu de foi, nous nous écrierions aussi, dans la ferveur de notre âme : "Non, il n'est point de bornes à la divine puissance." Sainte Thérèse avait de cette puissance une si haute idée, que souvent elle répétait : "Plus les mystères de notre sainte religion sont élevés, profonds, inaccessibles à l'intelligence humaine, plus il convient de les admettre avec fermeté et amour : car nous savons que Dieu, dont le pouvoir est infini, pourrait réaliser des prodiges plus grands encore."

Ravivez donc votre croyance, je vous en conjure, et confessez que cet auguste Sacrifice est le miracle des miracles, la merveille des merveilles, et que sa prérogative la plus étonnante consiste précisément à dominer notre pauvre et court esprit.

Redites, dans votre admiration : "Oh ! le rare, l'inappréciable trésor !" — Si de telles considérations vous laissaient indifférent, voyez encore à quel point la sainte Messe vous est nécessaire.

4
NÉCESSITÉ DE LA SAINTE MESSE POUR APAISER LA JUSTICE DE DIEU.

Si le soleil n'éclairait pas le monde qu'arriverait-il ? Il n'y aurait plus que ténèbres, horreur, stérilité et misère. Et, sans le saint Sacrifice de la Messe, que serions-nous ? Nous serions privés de tout bien, en butte à tous les maux et à tous les traits de la colère de Dieu. On s'étonne que Dieu ait en quelque sorte changé sa manière de gouverner les hommes.

Autrefois il prenait le titre de Dieu des armées, il parlait aux peuples au milieu des nuages et la foudre à la main, et il châtiait avec une justice rigoureuse toutes les fautes.

Pour un seul adultère, il fit passer au fil de l'épée vingt-cinq mille personnes de la tribu de Benjamin, pour le péché d'orgueil que commit David en faisant le dénombrement de son peuple, il enleva en peu de temps par la peste soixante mille personnes.

Pour un regard curieux et irrespectueux jeté sur l'arche par les Bethsamites, il en fit massacrer plus de cinquante mille.

Et maintenant, il supporte avec patience, non seulement les vanités et les légèretés, mais les adultères les plus criminels, les plus grands scandales et les blasphèmes les plus horribles que vomissent à chaque instant tant de chrétiens contre son saint Nom.

D'où vient cette différence dans la manière de gouverner les hommes ? Nos ingratitudes sont-elles plus excusables qu'autrefois ?

Qui osera le dire ? Les bienfaits immenses que nous avons reçus nous rendent, au contraire, sans comparaison plus coupables… Le secret, la raison d'une si touchante clémence, c'est à l'autel qu'il réside ; c'est dans le Sacrifice de Jésus immolé pour nous à la sainte Messe, devenu notre victime d'expiation, qu'il faut le chercher. Oui, voilà le soleil de l'Église catholique, qui dissipe les nuages et rend au ciel sa sérénité ; voilà l'arc-en-ciel qui apaise les tempêtes de l'éternelle Justice.

Pour moi, je n'en doute guère, sans la sainte Messe le monde serait à cette heure au fond de l'abîme, entraîné par le poids épouvantable de tant d'iniquités. La Messe, voilà le victorieux levier qui le soutient. Voyez donc, après cela, à quel point le divin Sacrifice nous est indispensable.

Ce serait peu de le comprendre si on ne savait pas, lorsqu'il en est besoin, chercher en lui ce qu'il nous offre. Lorsque nous assistons à la sainte Messe, imitons ce que fit un jour le grand Alphonse d'Albuquerque, conquérant des Indes.

L'historien Osorio raconte que cet illustre capitaine, se trouvant avec une partie de son armée sur un navire que les fureurs de la mer allaient faire sombrer, prit dans ses bras un petit enfant qui était là, et, l'élevant vers le ciel : "Si nous autres sommes des pécheurs, ô mon Dieu, s'écria-t-il, cette innocente créature ne vous a jamais offensé : au nom de son innocence, épargnez les coupables !" Chose merveilleuse ! le regard du Seigneur s'arrête avec complaisance sur l'enfant, l'Océan s'apaise, le danger disparaît et l'équipage change en cris de joie et d'action de grâces ses mortelles angoisses.

Que fera donc pour nous Dieu le Père, alors que le prêtre, élevant vers lui l'Hostie sacrée, lui présente avec elle son Fils, la parfaite Innocence ? Sa miséricorde pourra-t-elle nous refuser quelque chose ? pourra-t-elle résister à cette supplication, ne point calmer les flots qui nous assaillent, ne point subvenir à toutes nos nécessités ?

Ah ! sans cette admirable et divine Victime, sacrifiée pour nous sur la croix d'abord, et ensuite journellement sur nos autels, tout était fini, tout était perdu, et chacun de nous pouvait dire à son frère expirant : "Au revoir en enfer ! l'enfer nous réunira !" Mais maintenant, enrichis de ce trésor protecteur, le fruit de la sainte Messe entre les mains, nous surabondons d'espérance ; le Paradis est à nous, et une seule chose nous en écarterait, notre perversité calculée.

Baisons-les donc avec amour, ces saints autels ; brûlons autour d'eux l'encens et les parfums ; mais surtout environnons-les de vénération et de respect, puisqu'ils nous procurent tant et de si précieux biens.

5
AVANTAGES DE LA SAINTE MESSE.

Elle nous permet de satisfaire à toutes nos obligations envers la Justice divine. L'honnête et le sublime sont deux motifs très puissants sur nos cœurs : mais de tous les motifs qui peuvent agir sur nous, l'utile est le plus efficace, et il triomphe presque toujours de nos répugnances.

Si vous appréciez peu l'excellence et la nécessité de la Messe, comment ne seriez-vous pas frappé de la très grande utilité qu'elle procure aux vivants et aux défunts, aux justes et aux pécheurs, pendant la vie et à l'heure de la mort, et même après celle-ci ?

Représentez-vous que vous êtes ce débiteur de l'Évangile, lequel ayant à payer dix mille talents, et étant appelé à rendre compte de son administration, s'humilie, implore son créancier, et lui demande du temps pour remplir ses engagements :

> "Ayez patience et je vous rendrai tout ce que je vous dois."

Vous devez faire la même chose, vous qui avez contracté tant de dettes envers la justice divine : humiliez-vous, demandez seulement le temps d'entendre une Messe, et c'en est assez pour payer toutes vos dettes.

6

NOS QUATRE OBLIGATIONS ENVERS DIEU.

Saint Thomas nous dit que nous avons quatre obligations principales envers Dieu, dont chacune est infinie.

La première est de louer et d'honorer son infinie majesté, infiniment digne d'honneur et de louanges ;

La seconde est de satisfaire pour tant de péchés que nous avons commis ;

La troisième, de le remercier pour tant de bienfaits que nous avons reçus de lui ;

La quatrième enfin, de lui demander les grâces qui nous sont nécessaires.

Or, comment nous, misérables créatures, qui avons besoin qu'il nous donne jusqu'au souffle que nous respirons, pourrons-nous satisfaire à toutes ces obligations ?

Voici un moyen très facile, qui doit nous consoler tous : entendons souvent la sainte Messe, avec toute la dévotion dont nous sommes capables, faisons dire souvent des Messes à notre intention, et nos dettes, fussent-elles sans nombre, nous pourrons les payer toutes parfaitement, avec le trésor que nous tirons du saint Sacrifice.

Pour que vous compreniez mieux les obligations que nous avons envers Dieu, nous allons les expliquer l'une après l'autre, et vous serez grandement consolés, en voyant l'immense profit et les trésors innombrables que vous pouvez recueillir de cette source infinie et féconde.

1° GLORIFIER DIEU.

Notre première obligation envers Dieu est de l'honorer.

La loi naturelle nous dit elle-même que tout inférieur doit honorer son supérieur, et que plus celui-ci est grand, plus l'hommage qu'on lui rend doit être profond.

Il résulte de là que, Dieu possédant une grandeur infinie, nous lui devons un honneur infini.

Mais où trouver une offrande digne de lui. Jetez les yeux sur toutes les créatures de l'univers, où trouverez-vous quelque chose qui soit digne de Dieu ?

Il n'y a qu'un Dieu qui puisse être une offrande digne de Dieu. Il faut donc qu'il descende de son trône comme victime sur nos autels, pour que l'hommage corresponde parfaitement à sa Majesté infinie.

Or, c'est là ce qui se fait au saint Sacrifice ; Dieu y est honoré autant qu'il le mérite, parce qu'il est honoré par un Dieu lui-même.

Notre-Seigneur se plaçant dans l'état de victime sur l'autel, adore, par un acte ineffable de soumission, la sainte Trinité, autant qu'elle mérite de l'être ; de sorte que tous les autres hommages paraissent, en présence de cette humiliation de Jésus, comme les étoiles devant le soleil.

Le père saint Jure parle d'une sainte âme, qui, éprise d'amour pour Dieu, soulageait son cœur par mille tendres désirs.

"Mon Dieu, lui disait-elle, je voudrais avoir autant de cœurs et de langues qu'il y a de feuilles dans les arbres, d'atomes dans l'air et de gouttes d'eau dans l'Océan, pour vous aimer et vous honorer autant que vous le méritez.

"Oh ! si j'avais toutes les créatures en mon pouvoir, je voudrais les mettre à vos pieds, afin qu'elles fondent d'amour pour vous ; mais je voudrais vous aimer plus qu'elles toutes ensemble, plus que tous les anges, plus que tous les saints, plus que tout le ciel."

Un jour qu'elle formait ce désir avec plus de ferveur que de coutume, Notre-Seigneur lui répondit : "Console-toi, ma fille, car avec une seule Messe que tu entendras dévotement, tu me rendras toute la gloire que tu désires et infiniment plus encore."

Cette proposition vous étonne ? Mais c'est à tort ; car notre bon Jésus étant non seulement homme, mais vraiment Dieu, et tout-puissant, quand il s'humilie sur l'autel, il rend à son Père, par cet acte d'humiliation, un hommage et un honneur infinis ; et nous, en offrant avec lui ce grand Sacrifice, nous rendons aussi par Lui à Dieu un hommage et un honneur infinis.

Oh ! le grand prodige ; répétons-le, car il est essentiel qu'on s'en pénètre. Oui, oui, chrétiens, par l'assistance à la sainte Messe, le fidèle rend à Dieu une gloire infinie, un honneur sans bornes.

Secouez votre torpeur, méditez tout émus cette vérité si consolante et si douce : entendre avec dévotion la Messe, c'est procurer à votre Dieu plus d'honneur que ne lui en peuvent apporter dans le ciel tous les anges, tous les saints, tous les bienheureux. Ils ne sont, eux aussi, que de simples créatures, et leurs hommages sont par conséquent finis et bornés ; tandis qu'au saint Sacrifice de la Messe, c'est Jésus-Christ qui s'humilie ; Lui dont l'humiliation et le mérite ont une valeur infinie : c'est pour cela que l'hommage et l'honneur que nous rendons à Dieu par Lui, à la Messe, sont infinis.

S'il en est ainsi, vous voyez combien nous payons largement à Dieu cette première dette, en assistant au saint Sacrifice.

Ô monde aveugle, quand ouvriras-tu les yeux pour comprendre des vérités si importantes ? Et vous, pourrez-vous dire encore : une Messe de plus ou de moins, qu'importe ?

2° SATISFAIRE POUR NOS PÉCHÉS.

Notre seconde obligation envers Dieu est de satisfaire à sa justice, pour tant de péchés que nous avons commis.

Dette effroyable ! Un seul péché mortel est d'un tel poids dans la balance de Dieu, que pour le mettre en équilibre ce ne serait pas assez des mérites de tous les martyrs et de tous les saints qui sont, qui ont été et qui seront.

Mais nous possédons la sainte Messe, dont le prix intrinsèque est assez grand pour compenser, et au delà, tous les péchés du monde.

Faites-y bien attention, afin de comprendre la reconnaissance extrême que vous devez à Notre-Seigneur.

C'est lui-même qui est l'offensé : et malgré cela, non content d'avoir payé pour vous dans les tortures du Calvaire, il vous a remis et il entretient parmi vous, à votre usage, cette autre source de satisfaction continuelle qui est : le saint Sacrifice.

Là il renouvelle l'immolation que sur la croix il fit de sa Divine Personne, en rachat de nos fautes ; ce même sang adorable qu'il répandit alors en faveur du genre humain coupable, il veut bien l'offrir encore, l'appliquer spécialement, par la Messe, aux péchés de celui qui la célèbre, de ceux qui la font célébrer et de quiconque y assiste.

Ce n'est pas que le Sacrifice de la Messe efface immédiatement et par lui-même nos péchés comme fait le sacrement de pénitence ; mais il nous obtient de bonnes inspirations, de bons mouvements intérieurs et des grâces actuelles pour nous repentir, comme il faut, de nos péchés, soit pendant la Messe, soit dans un autre temps opportun.

Dieu seul sait combien d'âmes doivent leur conversion aux secours extraordinaires qui leur viennent de ce divin Sacrifice.

Il ne sert point, il est vrai, comme sacrifice de

propitiation à ceux qui sont en état de péché mortel, mais il leur sert comme sacrifice d'impétration ; et tous les pécheurs devraient assister souvent à la Messe, afin d'obtenir plus facilement la grâce de se convertir.

Quant aux âmes qui sont en état de grâce, le saint Sacrifice leur donne une force merveilleuse pour s'y maintenir ; et, selon l'opinion la plus commune, il efface immédiatement tous les péchés véniels, pourvu qu'on s'en repente au moins en général, comme le dit clairement saint Augustin :

> "Si quelqu'un, dit-il, entend dévotement la Messe, il ne tombera point dans le péché mortel, et les péchés véniels lui seront remis."

Et cela ne doit pas vous étonner : saint Grégoire raconte au livre IV de ses Dialogues, ch. 27, qu'une pauvre femme faisait dire tous les lundis une Messe pour l'âme de son mari, qui avait été fait esclave par les barbares, et qu'elle croyait mort.

Or, chaque Messe lui faisait tomber les chaînes des pieds et les menottes des mains, de sorte que, pendant tout le temps qu'elle durait, il restait libre comme il l'avoua à sa femme dès qu'il eut recouvré sa liberté.

Combien plus devons-nous croire que cet auguste Sacrifice sera très efficace, pour briser les liens spirituels des péchés véniels, lesquels tiennent l'âme captive, et ne la lassent point agir avec cette liberté et cette ferveur qu'elle aurait sans eux !

Oh ! qu'il est précieux, cet adorable Sacrifice, qui nous rend la liberté des enfants de Dieu, et satisfait pour toutes les peines que nous lui devons à cause de nos péchés !

Il suffira donc, me direz-vous, d'entendre ou de faire dire une seule Messe, pour payer à Dieu toutes les dettes que nous avons contractées envers lui, à cause de nos péchés ; car la Messe ayant une valeur infinie, elle donne à Dieu une satisfaction infinie.

La Messe a, en effet, une valeur infinie : mais vous devez savoir que Dieu l'accepte d'une manière limitée et proportionnée aux dispositions de celui qui la dit ou la fait dire ou de ceux qui y assistent.

"Leur foi, Seigneur, vous est connue, leur dévotion est devant vos yeux", dit l'Église dans les prières du Canon.

Et, par là, elle fait entendre ce qu'enseignent expressément les Maîtres de la théologie, à savoir que la satisfaction plus ou moins grande pour les peines dues à nos péchés est déterminée, dans l'application des mérites du Sacrifice, par les dispositions et la ferveur du ministre et des assistants, ainsi que je viens de l'expliquer.

Et ici, considérez la folie de ceux qui courent après les Messes les plus expéditives, les moins édifiantes, ou bien, ce qui est pis, qui s'y tiennent sans recueillement ou avec une dévotion presque nulle, ou bien encore qui s'inquiètent peu, lorsqu'ils les font célébrer pour eux, de s'adresser à un prêtre pieux et fervent.

Sans doute, en tant que sacrement, toutes les Messes ont la même valeur : cependant, observe saint Thomas, elles ne sont plus égales s'il s'agit des fruits qu'on en retire.

Plus la piété actuelle ou habituelle du célébrant sera grande, plus le fruit de son application sera grand aussi.

Il faut dire la même chose de ceux qui assistent à la Messe ; et quoique je vous exhorte de tout mon pouvoir à y assister souvent, je vous avertis néanmoins d'avoir moins d'égard au nombre de Messes qu'à la dévotion que vous y apporterez ; car si vous avez plus de piété dans une seule Messe qu'un autre en cinquante, cette seule Messe donnera plus d'honneur à Dieu, et à vous plus de profit, même de celui qu'elle produit *ex opere operato* , que n'en retirera l'autre avec ses cinquante Messes.

> "Dans la satisfaction, nous dit saint Thomas, on considère plutôt les dispositions de celui qui offre que la quantité de l'oblation."

Il est certain, comme l'affirme un grave auteur, qu'une seule Messe entendue avec une dévotion singulière, suffit pour satisfaire à la justice divine, pour tous les péchés que nous avons commis, quelque grands et nombreux qu'ils soient.

Et cette vérité est exprimée en termes formels par le saint Concile de Trente.

> "Le Seigneur, apaisé par cette oblation et accordant sa grâce avec le don de la pénitence, remet les péchés, les crimes les plus graves."

Cependant, comme vous ne connaissez ni les dispositions intérieures avec lesquelles vous assistez à la Messe, ni le degré de satisfaction qui leur correspond, vous devez prendre vos sûretés le plus que vous pouvez, en y assistant souvent, avec toute la dévotion possible.

Heureux, si vous y apportez une grande confiance dans la miséricorde de Dieu, qui opère des choses merveilleuses en ce divin Sacrifice ; et si vous y assistez souvent avec recueillement et dévotion, vous pouvez alors nourrir en votre cœur l'espoir d'aller au ciel sans passer par le Purgatoire. Allez donc souvent à la Messe, et qu'on n'entende plus sortir de votre bouche cette proposition scandaleuse : une Messe de plus ou de moins, qu'importe ?

3° REMERCIER DIEU.

Notre troisième dette envers Dieu est celle de la reconnaissance, pour les immenses bienfaits dont il nous a comblés. Réunissez toutes les faveurs, toutes les libéralités, toutes les grâces que vous avez reçues de lui : bienfaits selon la nature et selon la grâce, bienfaits du corps et bienfaits de l'âme, vos sens, vos facultés, votre santé, votre vie ; et puis la vie même de Jésus son divin Fils et la mort qu'il a souffert pour nous : toutes ces choses augmentent outre mesure notre dette envers Dieu.

Comment pourrons-nous donc le remercier dignement ? Nous voyons que la loi de la reconnaissance est observée par les bêtes féroces, qui deviennent quelquefois dociles envers leurs bienfaiteurs.

À combien plus forte raison doit-elle être observée par les hommes, doués d'intelligence, et comblés de tant de bienfaits par la libéralité divine !

Mais d'un autre côté notre pauvreté est si grande,

que nous ne pouvons satisfaire pour le moindre des bienfaits reçus de Dieu ; parce que le moindre d'entre eux, nous venant d'une majesté si grande, et étant accompagné d'une charité infinie acquiert un prix infini, et nous oblige à une correspondance infinie.

Malheureux que nous sommes ! Si nous ne pouvons soutenir le poids d'un seul bienfait, comment pourrons-nous jamais supporter la masse de ceux dont Dieu nous a comblés ? Nous voilà donc réduits à la dure nécessité de vivre et de mourir ingrats envers notre souverain Bienfaiteur.

Mais non : rassurons-nous. Le moyen de satisfaire amplement, parfaitement, à ce nouveau devoir nous est indiqué par le prophète David, qui avait vu en esprit le divin Sacrifice, et qui savait bien qu'avec lui seul nous serions au-dessus de la tâche.

Que rendrai-je au Seigneur, s'écrie-t-il, pour tous les biens qu'il m'a faits ? Je prendrai le calice du salut, se répondit-il à lui-même ; ou, d'après une autre version, j'élèverai là-haut le calice du Seigneur, c'est-à-dire je lui offrirai un Sacrifice très agréable, et je paierai aussi la dette que je lui dois pour tant de bienfaits signalés.

Ajoutez à cela que ce Sacrifice a été principalement établi par notre divin Sauveur pour reconnaître et remercier la munificence divine : c'est pour cela qu'il s'appelle par excellence l'Eucharistie, c'est-à-dire action de grâces.

Au reste, il nous en a donné lui-même l'exemple, lorsque à la dernière cène, avant de consacrer le pain et le vin dans cette première Messe, il leva les yeux au ciel, et rendit grâce à son Père.

Ô remerciement divin, qui nous découvre la fin sublime d'un si redoutable mystère, et qui en même temps nous invite à nous conformer à notre Chef, afin que, à chaque Messe à laquelle nous assisterons, nous sachions nous prévaloir d'un si grand trésor et l'offrir à notre éternel Bienfaiteur dans le sentiment d'une immense gratitude ; d'autant que le ciel tout entier, la sainte Vierge, les anges et les saints nous voient avec joie payer à notre grand Roi ce tribut de reconnaissance.

La vénérable sœur Françoise Farnèse, lisons-nous dans sa vie, était tourmentée du souci de tout ce qu'elle avait reçu de Dieu et de l'impuissance où elle se trouvait d'acquitter la dette de son cœur pénétré d'amour.

Mais voici qu'un beau jour lui apparaît la très sainte Vierge : elle dépose entre les bras de Françoise le divin Enfant et dit à sa servante : "Prenez-le, ma fille ; il est à vous : sachez seulement vous en servir pour ce qui fait le sujet de vos inquiétudes : Jésus suffit à tout..."

Eh bien ! dans la Messe, nous recevons non seulement entre nos bras, mais dans notre cœur, le Fils de Dieu : un petit enfant nous a été donné, dit Isaïe, et nous pouvons avec lui remplir entièrement la dette de reconnaissance que nous avons contractée envers Dieu. Et même, à bien considérer les choses, nous donnons en quelque sorte à Dieu dans la Messe plus qu'il ne nous a donné, sinon en réalité, du moins en apparence ; car le Père éternel ne nous a donné qu'une fois son divin Fils dans l'Incarnation, et nous le lui rendons un nombre infini de fois dans cet auguste Sacrifice.

Et ainsi jusqu'à un certain point, Dieu serait en retour avec nous, sinon quant à la qualité de l'offrande, car il ne se peut rien de supérieur au Fils de Dieu, du moins quant à la multiplicité des actes qui la lui présentent en satisfaction.

Ô Dieu grand et miséricordieux ! Que n'avons-nous un nombre infini de langues afin de vous rendre des actions de grâces infinies, pour le trésor précieux que vous nous avez donné dans la sainte Messe !

Comprenez-vous maintenant combien ce trésor est précieux ? S'il a été caché pour vous jusqu'ici, maintenant que vous commencez à le connaître, comment ne vous écrieriez-vous pas, dans un saint étonnement : Oh ! quel grand trésor ! quel grand trésor !

4° DEMANDER LES GRÂCES DONT NOUS AVONS BESOIN.

Mais ce n'est pas tout : nous pouvons encore dans le saint Sacrifice de la Messe nous acquitter de notre dernière obligation envers Dieu, c'est-à-dire lui demander les grâces dont nous avons besoin.

Nous connaissons par une triste expérience, les désolantes misères auxquelles l'homme est soumis, dans le corps aussi bien que dans l'âme, et par conséquent le besoin que nous avons de l'appui et du paternel secours de Dieu, à tout moment, en toute circonstance. Lui seul est l'auteur et le principe de tout bien, temporel ou spirituel.

Mais d'un autre côté, au nom de quoi, avec quelle espérance solliciteriez-vous de sa miséricorde de nouveaux dons, lorsque telle a été votre insensibilité, votre ingratitude pour des faveurs qu'il vous a déjà prodiguées, ingratitude qui est allée à cet excès de tourner le bienfait même contre le bienfaiteur ?

Ici encore, néanmoins, ne perdez pas confiance ; reprenez tout espoir. Vous n'êtes pas dignes de ces biens que vous souhaitez et dont vous sentez la nécessité ; mais le miséricordieux Sauveur accourt se faire votre intercesseur, se constituer votre caution.

Pour vous il a acquis des mérites infinis, pour vous il devient à la Messe l'hostie pacifique, c'est-à-dire la Victime auguste à l'immolation de laquelle notre Père des Cieux ne peut rien refuser. Oui, dans la sainte Messe, l'adorable, le bien-aimé Jésus, à titre de principal et de souverain prêtre prend en main notre cause, intercède pour nous, se fait notre puissant avocat. N'oublions pas que Marie, elle aussi, joint ses supplications aux nôtres pour tout ce que la foi nous porte à demander à Dieu.

Que faut-il de plus à qui veut être exaucé ? La confiance, l'espoir ferme et assuré vous manqueront-ils quand vous songerez qu'à l'autel c'est Jésus-Christ qui parle pour vous, qui pour vous offre son Sang très précieux, qui prend en un mot le rôle de divin intermédiaire ?

— Ô Messe bénie, source de tous les bienfaits et de tous les dons !

Mais il faut creuser bien avant cette mine afin de découvrir les grands trésors qu'elle renferme. Oh ! que de grâces, de dons et de vertus nous obtient le saint Sacrifice !

Nous y obtenons d'abord toutes les grâces spirituelles, tous les biens de l'âme, le repentir de nos péchés, le triomphe des tentations qui nous viennent, soit du dehors, de la part des mauvaises compagnies et des démons de l'enfer, ou du dedans, de la part de notre chair rebelle.

Nous y obtenons les grâces nécessaires pour nous convertir, ou pour nous maintenir dans la grâce et avancer dans les voies de Dieu ; nous y obtenons de saintes inspirations et des mouvements intérieurs, qui nous disposent à secouer notre tiédeur, et nous portent à agir avec plus de ferveur, avec une volonté plus prompte, une intention plus droite et plus pure, et c'est là un trésor inestimable, ces moyens étant très efficaces pour obtenir de Dieu la persévérance finale, d'où dépend notre salut, et cette assurance morale que l'on peut avoir ici-bas de la béatitude éternelle.

Nous y obtenons encore les biens temporels, autant qu'ils peuvent concourir à notre salut : la santé, l'abondance, la paix, avec l'exclusion de tous les maux qui s'opposent au bien de notre âme tels que la peste, les tremblements de terre, la guerre, la famine, les persécutions, les procès, les inimitiés, les calomnies, les injures : en un mot, le saint Sacrifice de la Messe est propre à nous délivrer de tous les fléaux, à nous enrichir de tous les biens.

Il est la clé d'or du paradis : quels biens pourrait nous refuser le Père éternel, après nous l'avoir donnée

? Celui qui n'a pas épargné son propre Fils, dit saint Paul aux Romains, mais l'a livré pour nous tous, comment ne nous aurait-il pas donné tout avec lui ?

Il avait donc bien raison, ce saint prêtre dont un auteur nous rapporte qu'il disait souvent : "Lorsque au saint autel je demande à Dieu, pour moi ou pour d'autres, quelque faveur insigne, la plus extraordinaire des grâces, il me semble ne rien demander, en comparaison de ce que j'offre moi-même ?"

Et il ajoutait, expliquant sa pensée : "Toutes les grâces que je puis solliciter à la sainte Messe sont des biens créés et finis, pendant que mon offrande est sans limite et incréée. Ainsi, en faisant arithmétiquement nos comptes, c'est moi qui suis le créancier, Dieu reste mon débiteur."

C'est pourquoi il demandait de grandes grâces, et il obtenait beaucoup de Dieu. Pourquoi n'en faites-vous pas autant ? Si vous suivez mon conseil, vous demanderez à Dieu, toutes les fois que vous assisterez à la Messe, qu'il fasse de vous un grand saint. Ne craignez pas que ce soit trop demander.

Notre bon Maître ne nous dit-il pas dans l'Évangile que, pour un verre d'eau donné en son nom, il nous donnera le Paradis ?

Comment ne nous donnerait-il pas cent fois

davantage, si c'était possible, lorsque nous lui offrons tout le Sang de son Fils bien-aimé ?

Comment pouvez-vous douter qu'il vous donne toutes les vertus et toutes les perfections nécessaires, pour faire de vous un grand saint ?

Dilatez donc votre cœur, et demandez à Dieu de grandes choses ; car celui que vous invoquez ne s'appauvrit point en donnant, et plus vous demanderez, plus vous obtiendrez.

7
AUTRES BIENFAITS DE LA MESSE.

Mais ce n'est pas tout encore : outre les biens que nous demandons à la Messe, Dieu nous en accorde beaucoup d'autres, sans que nous les lui demandions, pourvu que nous n'y mettions point d'obstacle de notre côté.

On peut donc dire que la Messe est pour le genre humain comme un soleil qui répand ses splendeurs sur les bons et sur les méchants, et qu'il n'y a point d'âme, si criminelle qu'elle soit, qui n'en remporte quelque grand bien, souvent même sans le demander, et encore plus sans y penser, comme il arriva dans le cas raconté par saint Antonin.

Deux jeunes libertins, dont l'un avait entendu la Messe le matin, étant sortis un jour, pour aller se promener dans un bois, furent assaillis par une violente tempête.

Ils entendirent au milieu du tonnerre et des éclairs une voix qui criait : tue, tue.

Celui qui n'avait point entendu la Messe, fut aussitôt frappé par la foudre et mourut ; l'autre, épouvanté, continua sa course, cherchant un lieu de refuge, lorsqu'il entendit de nouveau la même voix répéter ces paroles : tue, tue.

Comme il attendait la mort, il entendit une autre voix crier : Je ne puis, je ne puis, car il a entendu aujourd'hui le *Verbum caro factum est ;* la Messe à laquelle il a assisté m'empêche de le frapper.

Combien de fois, par la sainte Messe, Dieu vous a-t-il préservé de la mort, ou du moins d'imminents périls !

C'est ce que nous assure saint Grégoire, lorsqu'il nous dit au livre IV de ses Dialogues : "Celui qui entend la sainte Messe est délivré de beaucoup de maux et de dangers."

Saint Augustin va plus loin encore : "Celui qui entend dévotement la Messe, nous dit-il, ne périra point de mort subite."

Voilà donc un préservatif admirable pour nous préserver de ce malheur : c'est d'assister tous les jours à la Messe avec dévotion. Au dire de saint

Grégoire, "le juste qui entend la Messe se maintient dans la justice."

Ce n'est pas assez, il croît toujours davantage en mérites, en grâces et en vertus, et plaît toujours davantage à Dieu. Bien plus, reprend saint Bernard : "Celui qui entend ou célèbre dévotement la Messe mérite bien plus que s'il donnait tous ses biens aux pauvres et parcourait le monde entier en pèlerinage."

Ces paroles s'entendent de la valeur intrinsèque du saint Sacrifice.

Quels trésors immenses renferme-t-il donc ?

Comprenez bien cette vérité : en considérant le saint Sacrifice en lui-même et selon sa valeur intrinsèque, on peut dire que l'on mérite plus, en entendant ou célébrant une seule Messe, que si l'on distribuait tous ses biens aux pauvres, et si l'on parcourait le monde entier en pèlerinage, visitant avec une grande dévotion les sanctuaires de Jérusalem, de Rome, de Lorette, de Compostelle, etc.

Saint Thomas nous en donne la raison : "C'est que, dit-il, la Messe renferme tous les fruits, toutes les grâces et tous les trésors que le Fils de Dieu a répandus si abondamment sur son Église, dans le Sacrifice sanglant de la croix."

Arrêtez-vous ici un instant, fermez le livre, et réunissez par la pensée tous les biens et tous les fruits que procure la sainte Messe ; considérez-les en silence, et dites-moi ensuite si vous hésitez à croire qu'une seule Messe, quant à sa valeur intrinsèque, est tellement efficace, qu'au dire de plusieurs docteurs, elle suffirait pour obtenir le salut de tout le genre humain.

Supposez que Notre-Seigneur Jésus-Christ n'ait point souffert sur le Calvaire, et qu'au lieu du Sacrifice sanglant de la croix, il ait institué seulement celui de l'autel, mais avec l'ordre formel qu'il ne se célébrât qu'une seule Messe dans le monde entier.

Eh bien ! cette supposition une fois admise, il est très vrai que cette seule Messe célébrée par le dernier prêtre du monde, aurait suffi, considérée en elle-même et dans sa valeur intrinsèque, pour obtenir de Dieu le salut de tous les hommes.

Oui, dans cette hypothèse, une seule Messe suffirait pour obtenir la conversion de tous les Turcs, de tous les hérétiques, de tous les schismatiques, en un mot, de tous les infidèles et de tous les mauvais chrétiens, pour fermer les portes de l'enfer à tous les pécheurs, et ouvrir celles du purgatoire à toutes les âmes qui souffrent.

Mais, hélas ! malheureux que nous sommes, nous bornons la sphère immense de cet auguste Sacrifice, et le rendons inefficace par notre tiédeur.

Ah ! je voudrais pouvoir me faire entendre de tous les hommes, pour leur dire : malheureux, que faites-vous ? Que ne courez-vous tous dans les églises, pour entendre dévotement autant de Messes que vous pouvez ?

Pourquoi n'imitez-vous pas les anges, qui, au dire de saint Jean Chrysostome, descendent en foule du ciel, pendant qu'on célèbre la sainte Messe et se tiennent auprès de l'autel, dans un saint respect, attendant que la Messe commence, afin d'intercéder pour nous plus efficacement : car ils savent bien que c'est là le temps le plus opportun et le moment le plus propice pour obtenir les grâces du ciel.

Confondez-vous donc, et rougissez d'avoir si peu apprécié jusqu'ici la sainte Messe, d'avoir même profané tant de fois une action si sainte.

Vous avez bien plus sujet encore de rougir, si vous êtes du nombre de ceux qui sont assez téméraires pour dire qu'une Messe de plus ou de moins, c'est peu de chose.

8
LA MESSE ET LES ÂMES DU PURGATOIRE

Je vous prie de remarquer que ce n'est pas sans intention que j'ai dit plus haut qu'une seule Messe, en ne considérant que sa valeur intrinsèque, suffit pour ouvrir les portes du Purgatoire à toutes les âmes qui y souffrent et les faire entrer au ciel : car ce divin Sacrifice sert aux défunts, non seulement comme propitiatoire, pour payer les peines qu'ils doivent à la justice de Dieu, mais encore comme impétratoire, pour en obtenir la rémission.

Comme on le voit par la coutume de l'Église, laquelle non seulement offre la Messe pour les âmes du Purgatoire, mais y prie encore pour leur délivrance.

Afin d'exciter votre compassion en faveur de ces

saintes âmes, considérez donc que le feu où elles souffrent égale, au dire de saint Grégoire, celui de l'enfer, et que, comme instrument de la justice divine, il agit avec une telle puissance, qu'il leur cause des peines insupportables, et supérieures à tous les tourments qui se peuvent imaginer dans ce monde.

Elles souffrent bien plus encore de la privation de la vue de Dieu, comme le dit le docteur angélique ; l'impossibilité où elles sont de voir ce souverain Bien, vers lequel elles aspirent, les plonge en des angoisses intolérables.

Rentrez ici un peu en vous-mêmes. Si vous voyiez votre père ou votre mère près de se noyer dans un étang, et que pour les délivrer vous n'eussiez qu'à leur tendre la main, ne seriez-vous pas obligé par charité, et par justice en même temps, à le faire ?

Or, vous voyez des yeux de la foi tant de pauvres âmes, parmi lesquelles se trouvent peut-être vos plus proches parents, brûler dans un étang de feu, et vous ne vous astreindriez pas à entendre dévotement pour elles une seule Messe ?

Où est donc votre cœur ? Qui peut douter que la Messe procure un soulagement considérable à ces pauvres âmes ?

Écoutez saint Jérôme, un des grands docteurs de

l'Église, qui vous dit expressément que, lorsqu'on célèbre le très saint Sacrifice pour une âme du Purgatoire, ce feu dévorant suspend ses rigueurs, et que, tout le temps que dure la Messe, le supplice s'arrête.

Il affirme en outre, qu'à chaque Messe il en est beaucoup qui sortent du lieu d'expiation pour voler aux joies du Paradis.

Ajoutez à cela que votre charité envers les âmes du Purgatoire tournera tout entière à votre profit.

Je pourrais vous apporter en preuve une multitude d'exemples mais je me contenterai de vous raconter un seul fait arrivé à saint Pierre Damien.

Étant resté orphelin, dans un âge encore tendre, il fut recueilli par un de ses frères, qui le maltraitait d'une manière incroyable, jusqu'à le faire marcher pieds nus, et le laisser dans une extrême pénurie de toutes choses.

Il trouva un jour en chemin je ne sais quelle monnaie ; il croyait avoir en main un trésor. Mais qu'en faire ?

La nécessité où il était lui suggérait bien des moyens de l'employer, cependant, après y avoir bien pensé, il résolut d'aller porter cette monnaie chez un prêtre, et de lui demander une Messe pour les âmes du Purgatoire.

À partir de ce moment, sa fortune changea : il fut recueilli par un autre frère, meilleur que le premier, qui l'aima comme son fils, le vêtit avec décence, l'envoya à l'école, après quoi il devint ce grand homme et ce grand saint, qui orna la pourpre et soutint l'Église.

Voyez de quels biens cette Messe et la privation qu'il s'imposa furent pour lui la source.Oh ! quel précieux trésor, qui sert aux morts et aux vivants, dans le temps et dans l'éternité en même temps.

Ces saintes âmes, en effet, sont si reconnaissantes envers leurs bienfaiteurs, qu'une fois arrivées au ciel, elles se font leurs avocates, et ne se donnent de repos qu'après les avoir vus en possession de la gloire : comme l'éprouva ici-même, à Rome, une femme qui, oubliant son salut éternel, et esclave de ses passions, n'était occupée qu'à faire tomber dans ses filets la jeunesse imprudente.

La seule bonne chose qu'elle fît, c'est qu'il ne se passât pas de jours, où elle ne fît célébrer quelques Messes pour les âmes du Purgatoire.

Celles-ci prièrent sans doute avec tant de zèle pour leur bienfaitrice, que, rougissant un jour de ses péchés, elle renonça à sa vie criminelle, alla trouver un prêtre, lui fit une confession générale, et mourut peu de temps après, bien disposée, laissant à tous les signes évidents de son salut éternel.

Cette grâce extraordinaire, elle la dut aux Messes qu'elle avait fait célébrer pour les âmes du Purgatoire.

Réveillons-nous donc, nous aussi, et ne nous laissons pas précéder dans le royaume de Dieu par les publicains et les femmes perdues.

9
NOS DEVOIRS ENVERS LES DÉFUNTS.

Si vous étiez du nombre de ces avares, lesquels non seulement manquent à la charité, en omettant de prier pour les défunts, et d'assister à la Messe pour ces pauvres âmes affligées, mais qui de plus foulant aux pieds les droits les plus sacrés, refusent de remplir les legs pieux que leur ont laissés leurs parents, et de faire dire les Messes qu'ils ont mises à leur charge dans leur testament :

Oh ! alors, je vous dirais, enflammé d'un saint zèle : allez, allez, vous êtes pires que les démons ; car ceux-ci ne tourmentent que les damnés ; mais vous, vous tourmentez les élus ; ils sont cruels à l'égard des réprouvés, mais vous l'êtes à l'égard des prédestinés.

Non, il n'y a pour vous ni confession ni absolution, si vous ne faites pénitence d'un aussi grand péché, et si vous ne remplissez toutes vos obligations à l'égard des défunts.

Je ne le puis, me direz-vous, mes moyens ne le permettent pas.

Vos moyens ne vous le permettent pas ?

Vous savez bien trouver de l'argent pour paraître dans le monde, pour satisfaire votre luxe : vous savez bien en trouver pour ces festins, pour ces dépenses folles et souvent criminelles ; et quand il s'agit d'acquitter vos dettes, non seulement avec les vivants, mais encore avec les pauvres défunts, vous n'avez plus rien.

Ah ! je vous comprends ; il n'y a personne pour vous demander compte de votre conduite, mais Dieu vous le demandera plus tard.

Employez à d'autres usages l'argent que vous ont laissé les défunts pour des œuvres pies, mais je vous annonce de la part du Roi-Prophète des disgrâces sans nombre, des maladies, des banqueroutes, des traverses, des ruines irréparables dans votre fortune, dans votre honneur et dans votre vie.

C'est un oracle divin, il ne peut manquer d'avoir son effet : Ils ont dissipé les sacrifices des morts, et les calamités se sont multipliées.

Oui, oui, des malheurs, des ruines irréparables à

ces familles qui ne remplissent point les obligations qu'elles ont envers les défunts.

Parcourez cette ville (la ville de Rome), et voyez combien de familles dispersées, de maisons ruinées, de boutiques fermées, d'affaires interrompues, de faillites, de disgrâces et de malheurs de toute sorte.

Quelle est la cause de toutes ces calamités ? Une des causes principales, c'est la dureté envers les pauvres défunts, la négligence à remplir les legs pieux, la cruauté avec laquelle on refuse aux âmes du Purgatoire le soulagement qu'on leur doit.

C'est pour cela qu'il se commet tant de sacrilèges, et que la maison de Dieu est devenue, comme le dit Notre-Seigneur Jésus-Christ, une caverne de voleurs.

Ne vous étonnez pas si Dieu fait pleuvoir ses foudres sur la terre, et nous menace de guerre, de tremblements de terre, et de calamités de toute sorte.

La cause, la voici : Ils ont dissipé les sacrifices des morts, et les calamités se sont multipliées sur leurs têtes.

C'est donc avec raison que le quatrième concile de Carthage excommunie ces ingrats comme de vrais homicides, et que le concile de Valence ordonne de les chasser de l'Église comme des infidèles.

Encore n'est-ce pas là le plus grand des châtiments dont Dieu punit ces âmes insensibles.

C'est dans l'autre vie qu'il réserve ses plus grands supplices ; car saint Jacques nous enseigne qu'un jugement sans miséricorde est réservé à celui qui n'a point fait miséricorde.

Dieu permettra qu'ils soient traités de la même manière qu'ils ont employée envers les autres, c'est-à-dire que leurs dernières volontés seront violées aussi, qu'on ne célébrera point les Messes qu'ils auront ordonnées par testament pour assurer leur délivrance ; que si on les célèbre, le mérite en sera appliqué à d'autres qui pendant leur vie auront été plus charitables et plus justes envers les défunts.

On lit dans les Chroniques des Frères Mineurs, qu'un frère apparut après sa mort à un autre religieux, et lui révéla les supplices affreux qu'il endurait au Purgatoire, particulièrement pour avoir négligé de prier pour les autres frères défunts.

Il lui dit que jusqu'ici le bien qu'on avait fait pour lui, les Messes qu'on avait dites ne lui avaient servi de rien, parce que Dieu, pour punir sa négligence, les avait appliquées à d'autres qui avaient été pendant leur vie charitables envers les âmes du

Purgatoire, et cela dit, il disparut.

10
RÉSOLUTIONS À PRENDRE.

1° Faire dire beaucoup de Messes pour les âmes du Purgatoire et pour toutes nos intentions.

Je vous supplie donc, cher lecteur, à genoux et de toute mon âme, de ne pas fermer ce livre avant d'avoir pris la ferme résolution d'assister autant que vos occupations vous le permettent, au saint Sacrifice de la Messe, et de faire dire autant de Messes que vous le pourrez, non seulement pour les âmes des défunts, mais encore pour la vôtre. Et cela pour deux motifs :

2° Pour obtenir une bonne et sainte mort ;

car c'est l'opinion de tous les saints Docteurs, qu'il n'y a point de moyen plus efficace pour cela que le Saint Sacrifice de la Messe.

Notre-Seigneur Jésus-Christ a révélé à sainte Mechtilde, que celui qui aura eu la pieuse coutume d'assister dévotement à la Messe pendant sa vie, sera consolé à la mort, par la présence des anges et de ses saints patrons, qui le défendront contre toutes les embûches des démons.

Oh ! quelle belle mort couronnera votre vie, si pendant celle-ci, vous avez eu soin d'assister à la Messe, toutes les fois que vous l'aurez pu !

3° L'autre motif, c'est que vous mériterez par là de sortir promptement du Purgatoire, et de vous envoler au ciel ;

car il n'y a pas de moyen plus efficace pour obtenir de Dieu la grâce si précieuse d'aller droit au ciel sans passer par le Purgatoire, ou du moins de rester peu de temps en ce lieu, que les indulgences et le saint Sacrifice de la Messe.

Quant aux indulgences, les souverains pontifes en ont été prodigues envers ceux qui entendent dévotement la sainte Messe.

Nous avons suffisamment démontré plus haut

combien elle est efficace pour hâter la rémission des peines du Purgatoire.

L'exemple et l'autorité de Jean d'Avila devraient nous suffire pour nous en persuader.

Ce grand serviteur de Dieu, qui fut l'oracle de l'Espagne, étant sur le point de mourir, on lui demanda quelle sorte de secours il désirait qu'on ménageât à son âme lorsque le Seigneur l'aurait rappelée à lui : "Des Messes, des Messes, des Messes."

Permettez-moi de vous donner à ce sujet un conseil d'un grand poids ; c'est de faire dire pendant votre vie toutes les Messes que vous voulez que l'on dise pour vous après votre mort, et de ne point vous fier a ceux que vous laissez en ce monde après vous.

D'autant plus que saint Anselme nous apprend qu'une seule Messe que vous aurez entendue, ou fait dire pour vous, pendant que vous vivez, vous sera plus profitable que mille après votre mort.

Cette vérité fut bien comprise d'un riche marchand de la rivière de Gênes, lequel étant sur le point de mourir, ne laissa rien pour le soulagement de son âme.

Tout le monde était étonné qu'un homme si riche, si pieux, si généreux envers tous, se fût montré à sa mort si cruel envers lui-même.

Mais lorsqu'il fut enterré, on trouva dans son livre le détail de tout le bien qu'il avait fait pendant sa vie, pour le soulagement de son âme.

Deux mille francs pour deux mille Messes ; dix mille francs pour doter de pauvres orphelines, deux cents francs pour tel lieu pieux, etc. Et à la fin du livre il avait écrit : "Que celui qui se veut du bien se le fasse pendant sa vie, et ne se fie point à ceux qu'il laisse après lui."

On connaît ce proverbe : qu'une chandelle que l'on porte devant nous éclaire plus qu'une torche derrière.

Tirez profit de cette sentence, et considérant l'excellence et l'utilité de la sainte Messe, déplorez l'aveuglement où vous avez vécu jusqu'ici, en n'estimant point assez ce trésor précieux, qui a été pour vous, hélas ! un trésor caché.

Maintenant que vous en connaissez la valeur, ne vous permettez plus de penser, et moins encore de dire, qu'une Messe de plus au de moins, c'est peu de chose.

Renouvelez, au contraire, votre sainte résolution d'entendre, à partir de ce jour, autant de Messes que vous en pourrez trouver l'heureuse occasion, et de les entendre avec les sentiments d'une vraie piété.

Que la bénédiction de Dieu descende aujourd'hui sur vous. Ainsi soit-il.

4° Assister souvent à la Messe, et si possible, tous les jours.

Ceux qui font des difficultés d'assister tous les jours à la Messe trouvent bien des prétextes pour excuser leur tiédeur.

Lorsqu'il s'agit des misérables intérêts de cette terre, vous les trouvez pleins de zèle, d'ardeur et d'activité.

Toute fatigue est légère alors ; aucune incommodité ne les retient.

Mais lorsqu'il est question d'assister à la Messe, quoiqu'il n'y ait aucune affaire plus importante que celle-ci, ils sont froids et sans volonté, ils savent trouver mille prétextes frivoles pour s'en dispenser ; ils mettent en avant des occupations graves, leur peu de santé, des intérêts de famille, le manque de temps, la multitude de leurs affaires, etc.

En un mot, si la sainte Église ne les obligeait sous peine de péché mortel, à entendre la Messe au moins les jours de fêtes, Dieu sait s'ils visiteraient jamais une église, s'ils ploieraient jamais les genoux devant un autel.

Quelle honte, et quel malheur en même temps.

Ah ! combien nous sommes déchus de la ferveur de ces premiers fidèles lesquels, comme nous l'avons vu plus haut, assistaient chaque jour au saint Sacrifice, et se nourrissaient du pain des anges dans la sainte communion.

Et cependant ils avaient aussi leurs affaires ; mais c'est précisément par le moyen de cette pieuse pratique qu'ils savaient si bien ménager leurs intérêts spirituels et temporels

Monde aveugle, quand ouvriras-tu les yeux pour reconnaître ton erreur ? Réveillons-nous tous de notre torpeur, et que notre dévotion la plus chère soit d'entendre chaque jour la sainte Messe, et d'y faire la sainte communion.

Pour obtenir un but aussi saint, je ne connais point de moyen plus efficace que l'exemple ; car c'est une maxime irréfutable que nous vivons tous d'exemples, et trouvons facile ce que nous voyons faire à ceux qui sont comme nous.

Saint Augustin lui-même s'encourageait en se disant : "Quoi, tu ne pourrais pas ce qu'ont pu ceux-ci ou ceux-là ?"

Et après avoir pris modèle sur de plus pieux que nous, devenons nous-mêmes des exemples ! Quels fruits ne recueillerons-nous pas du bien que nous aurons ainsi fait aux autres, même à notre insu.

La Messe et les Honoraires.

Je voudrais conclure par deux remarques très opportunes.

La première, c'est l'ignorance profonde d'un grand nombre de chrétiens, lesquels n'appréciant point les richesses immenses que renferme le saint Sacrifice, lui attribueraient volontiers une valeur purement matérielle.

De là viennent ces manières de parler de certaines personnes, qui, voulant avoir une Messe, ne craignent pas de dire au prêtre à qui elles la demandent.

"Voulez-vous dire la Messe pour moi, ce matin ? Je vais vous la payer ?"

Comment, payer la Messe ! Mais quelle somme pourrait égaler la valeur d'une Messe, puisque celle-ci vaut plus que le ciel tout entier ?

Quelle ignorance lamentable !

Cet argent que vous donnez au prêtre, vous le lui donnez pour le faire vivre, mais non comme paiement de la Messe qu'il dit pour vous.

Je vous ai engagé, dans cette brochure, il est vrai,

à assister tous les jours au saint Sacrifice, et à faire dire autant de Messes que vous pouvez.

Or, je m'imagine que le démon peut très bien vous suggérer des réflexions comme celle-ci : "Les prêtres nous exhortent par de bonnes raisons à faire dire beaucoup de Messes. Mais sous l'apparence d'un beau zèle, ils cherchent leur intérêt, et tout se fait et tout se dit pour de l'argent.

Quelle erreur ! Je remercie Dieu de m'avoir fait embrasser un institut, où l'on professe la plus stricte pauvreté, où l'on ne reçoit aucune aumône pour les Messes.

Nous offrît-on cent écus pour en dire une, nous ne pourrions les accepter.

Je puis donc vous parler hardiment sans craindre ni vos soupçons, ni vos accusations ; car étant désintéressé dans cette question, je ne puis avoir en vue que votre bien.

Or, ce que je vous ai dit, je vous le répète encore. Entendez beaucoup de Messes, je vous prie, et faites-en dire le plus que vous pourrez ; vous acquerrez ainsi un grand trésor qui vous profitera en ce monde et dans l'autre.

La seconde vérité dont vous devez être bien pénétrés, c'est l'efficacité du saint Sacrifice pour nous obtenir tous les biens, et nous délivrer de tous les maux, mais particulièrement pour nous ranimer dans nos défaillances et nous fortifier contre les tentations.

Laissez-moi donc vous répéter : allez à la Messe, allez à la Messe tous les jours, si cela vous est possible, et compatible avec les devoirs de votre état, mais assistez-y avec une grande dévotion.

Vous éprouverez en peu de temps, je vous l'assure, un changement merveilleux en vous-mêmes, et toucherez de la main, pour ainsi dire, le bien qu'en retirera votre âme.

FIN

ISBN - Ebook : 979-10-299-0915-3
ISBN - Broché : 979-10-299-0916-0
ISBN - Relié : 979-10-299-0917-7

Également disponible

LA RÈGLE DE
SAINT BENOÎT

www.ingramcontent.com/pod-product-compliance
Lightning Source LLC
La Vergne TN
LVHW101915190826
846094LV00002B/14

* 9 7 9 1 0 2 9 9 0 9 1 7 7 *